CW01670147

LENGUA 1

Tercer trimestre

Cristina Díaz Santos
M.ª de la Trinidad Ferri Sebastián
Otilia Hidalgo del Cid
Martina Marsá Lafarge
Emma Pérez Madorrán

PRIMARIA

ANAYA

APRENDER ES CRECER

Índice

Ortografía	Expresión oral y escrita	Inteligencias múltiples
		Lingüística: Expresar nuestros gustos y preferencias.
		Interpersonal: Ayudar a los demás.
		Lógico-matemática: Buscar imágenes iguales.
		Intrapersonal: Identificar emociones básicas.
		Corporal-cinestésica: Expresar sentimientos con mímica.

REPASO TRIMESTRAL

Ortografía	Expresión oral y escrita	Inteligencias múltiples
	Escritura de oraciones.	**Lingüística:** Resolver jeroglíficos.
	Descripción de un animal.	**Naturalista:** Cuidar de los animales.
	Descripción de un objeto.	**Visual-espacial:** Orientarse en el espacio.
Mayúscula al empezar a escribir y después de punto.	Descripción de una persona.	**Musical:** Producir sonidos con el cuerpo.
Palabras con mayúscula.	Carteles publicitarios.	**Interpersonal:** Ayudar a los demás.

REPASO TRIMESTRAL

Ortografía	Expresión oral y escrita	Inteligencias múltiples
La interrogación y la admiración.	El cómic.	**Lingüística:** Utilizar el lenguaje para resolver problemas.
Palabras con g, gu. La diéresis.	Narración de escenas.	**Lógico-matemática:** Interpretar datos numéricos.
Ca, co, cu, que, qui.	Narración en secuencia.	**Intrapersonal:** Expresar sentimientos.
R-, -r-, -rr-.	Narración de un proceso.	**Naturalista:** Reciclar materiales.
Za, zo, zu, ce, ci.	Iniciarse en la escritura de poemas.	**Visual-espacial:** Desarrollar la atención.

REPASO TRIMESTRAL

11 El cocodrilo Roberto 11

Aquella mañana se habían reunido todos los animales que viven a las orillas del gran río.

—¡Hay que poner fin a este problema!

—¡Vamos a quedarnos todos sordos!

—¡Tengo la cabeza loca de tanto oír cantar al cocodrilo Roberto! ¡Tiene que callarse de una vez!

Tenía un gran problema. La voz del cocodrilo Roberto era ronca, potente y desafinada. A pesar de ello, le gustaba tanto cantar que no paraba de hacerlo, ni de día ni de noche.

Después de mucho pensar, los animales decidieron invitar al cocodrilo a cincuenta helados de chocolate.

—Roberto es muy goloso —decían—, y comiendo tanto helado, se quedará afónico.

Pero no fue así, sino todo lo contrario. Se puso tan contento con el banquete que cantó sin parar durante una semana entera.

Al ver el resultado, pensaron otro plan: le darían claras de huevo para que su voz se volviera más agradable.

Lo que ocurrió fue que su voz se afinó tanto que llegaba hasta el último rincón de la selva.

Cuando más desesperados estaban, la solución se le ocurrió a un pequeño ruiseñor.

—Si Roberto ama tanto la música, yo puedo darle clases y enseñarle a cantar. Educaré su voz.

Y así fue. Tuvieron que soportar durante algún tiempo los ensayos de Roberto, pero al final se convirtió en un verdadero barítono.

Y los animales se acercaban a la orilla del río para escuchar los recitales que daban Roberto y los ruiseñores.

Comprendo la lectura

1. Señala quién es el protagonista del cuento.

2. Estas oraciones tienen fallos, táchalos y escríbelas correctamente.

Se reunieron todos una tarde.

El cocodrilo tenía la voz afinada.

Al final, el búho tuvo una idea.

3. ¿Dónde daban los recitales Roberto y los ruiseñores? Colorea y escribe la respuesta.

4 Escribe una palabra que indique menor tamaño.

pájaro → ______ tortuga → ______

5 Escribe las oraciones sustituyendo las palabras subrayadas por otras que indiquen menor tamaño.

Los animales invitaron al cocodrilo a helados.

______

______

Con claras de huevo la voz sería más agradable.

______

______

Inteligencia lingüística: Utilizar el lenguaje para resolver problemas

6 Contesta.

¿Cómo solucionó el ruiseñor el problema del cocodrilo Roberto?

______

¿Cómo lo solucionarías tú?

______

Aprendo la lengua

El perro es pequeño.

El vestido es bonito.

1. Fíjate en el dibujo, colorea y escribe las palabras que nos dicen cómo es la modista.

rubia	morena	delgada
baja	alta	pelirroja

2. Escribe una palabra que indique cómo es cada cosa.

3 Completa las oraciones con estas palabras:

azules - rotas - marrones - viejo

Los  ______ son ______

El  ______ es ______

Los  ______ son ______

Las  ______ están ______

4 Rodea las palabras que indican cómo son los objetos y escríbelas.

Mi prima perdió su bolso verde y se compró una mochila roja.
Ahora tiene una mochila nueva.

______

5 ¿Qué hay en la caja? Une y completa.

pelotas pequeños

zapatos rojas

Hay ______

Hay ______

Taller de escritura

1 Lee la información y contesta.

CURIOSIDADES DE LAS TORTUGAS

- Algunas tortugas pueden vivir hasta **más de un año** sin tomar ningún tipo de alimento.
- La **vista,** el **olfato** y el **tacto** de las tortugas están muy desarrollados, cosa que no sucede con el **oído.**
- La tortuga más grande que se conoce es la tortuga laúd.
- Algunas tortugas pueden vivir **muchísmos años** y llegar a crecer mucho, como, por ejemplo, las tortugas de las islas Galápagos.
- La mayoría de las tortugas de tierra son vegetarianas.
- Aunque son lentas, las tortugas caminan bastante.

¿Qué sentido no se nombra en el texto?

¿Cuál es la tortuga más grande que se conoce?

¿Qué comen la mayoría de las tortugas de tierra?

¿Cómo es la tortuga de la foto?

2 Completa con palabras que indiquen menor tamaño.

cocodrilo - tortugas - animales

Las ______ son muy lentas.

El ______ está en el agua.

Vi los ______ en el zoo.

3 Completa las oraciones con estas palabras:

El ______ de la tortuga tiene ______ de color ______

Está ______ y ______

4 **Dictado.** Escribe fijándote bien.

Escribo bien

—¿Te gusta mi planta?

—¡Es preciosa!

Cuando hacemos una pregunta, utilizamos los **signos de interrogación: ¿?**

Cuando decimos algo con alegría, tristeza o dolor, utilizamos los **signos de admiración: ¡!**

1 Escribe los signos de interrogación y une cada pregunta con su respuesta.

__Dónde vives__	Desde el año pasado.
__Desde cuándo__	Si quieres, mañana.
__Cuándo puedo ir__	Cerca de tu casa.

2 Escribe los signos de interrogación o de exclamación.

—__Cuántos años tienes__

—Hoy es mi cumpleaños. __Cumplo siete años__

—__De verdad__ __Muchas felicidades__

3 Piensa y escribe.

Una oración con signos de interrogación.

Una oración con signos de admiración.

4 Escribe una pregunta para cada respuesta.

He desayunado leche, zumo y cereales.

Tengo dos hermanos y una hermana.

5 **Dictado.** Escribe fijándote bien.

Me expreso

1. Señala la respuesta correcta.

- ☐ Clara y Raúl estaban contentos porque iban a un cumpleaños.
- ☐ Clara y Raúl estaban contentos porque tenían bicis nuevas.
- ☐ Clara y Raúl estaban contentos porque iban al río.

2. Escribe un título para el cómic que acabas de leer.

3 Termina el siguiente cómic:

Repaso de la unidad

1 Colorea las palabras que nos pueden indicar cómo es cada cosa.

 →	grande	moreno	simpático
 →	rubia	agradable	pequeña
 →	tranquilo	alegre	verde
 →	pequeña	triste	bonita

2 Rodea las palabras que dicen cómo es el arco iris y coloréalo.

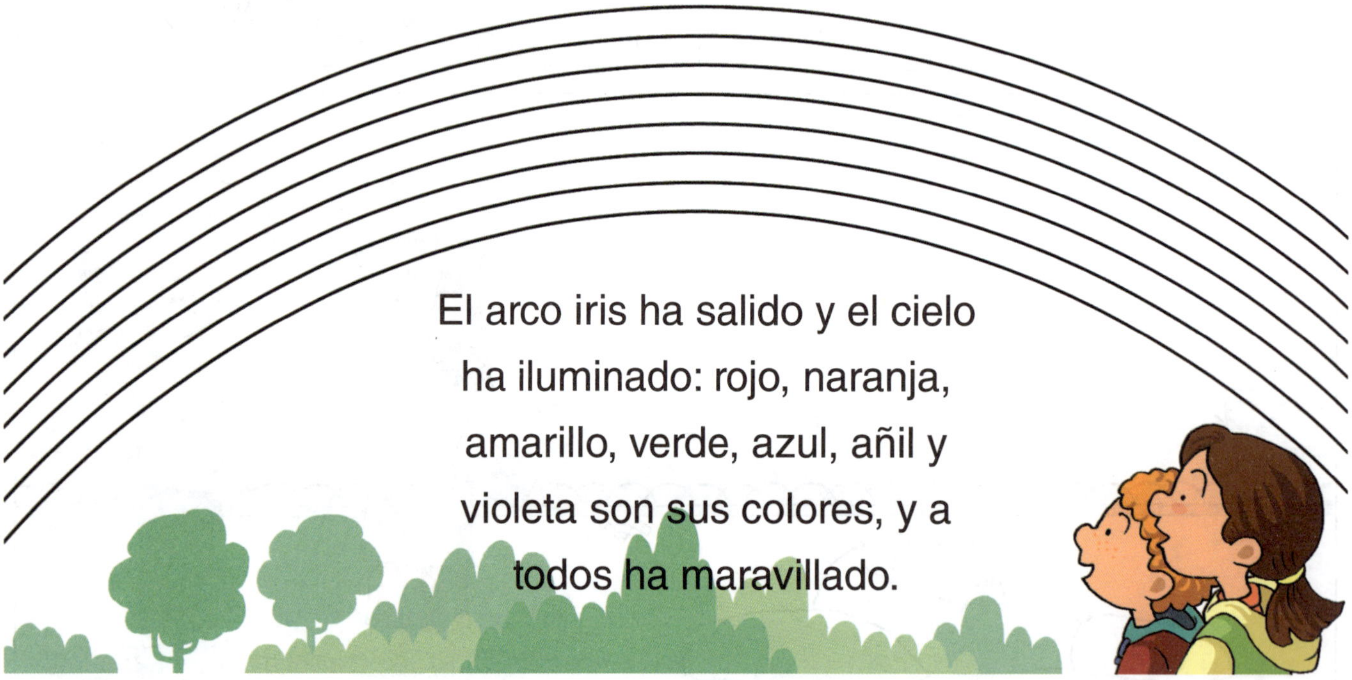

El arco iris ha salido y el cielo
ha iluminado: rojo, naranja,
amarillo, verde, azul, añil y
violeta son sus colores, y a
todos ha maravillado.

3 Subraya las palabras que dicen cómo es cada animal y escríbelas.

El perro marrón está durmiendo.

Los pájaros verdes están en una jaula dorada.

El gato blanco se perdió ayer.

4 Escribe los signos que faltan en cada oración.

—_Te has puesto el cinturón_

—_Me da miedo volar_

—Buenos días, _podría decirme dónde está el aseo_

—_Tienes una araña en la camiseta_

5 **Dictado.** Escribe fijándote bien.

12 Historia de una nube

12

Una mañana de primavera nació una nube pequeñita en lo más alto del cielo.

La nubecilla todavía estaba algo dormida cuando el viento, que es muy juguetón, sopló y la empujó hacia la tierra.

—No soples tan fuerte, que soy muy pequeña y me puedo deshacer —se quejó la nube.

—No quiero hacerte daño —dijo el viento—. Te llevo sobre el pueblo en el que tienes que llover.

La nube miró asombrada el lugar que tenía que regar y exclamó:

—¡Qué seco está!

—Es que, durante este invierno, apenas ha llovido —explicó el viento.

La nube dejó caer unas cuantas gotas sobre los tejados de las casas, las estrechas calles y la plaza. Se divertía mucho al ver correr a la gente para resguardarse de su lluvia.

El viento siguió soplando. La nubecita descubrió un prado. La hierba empezaba a amarillear porque tenía sed. A la nube le quedaba poca agua, pero la dejó caer con alegría.

Al sentir las primeras gotas, la hierba revivió y las amapolas levantaron sus coloradas cabezas.

La nube se había quedado muy pequeña. Era casi transparente. El viento sopló de nuevo y la llevó suavemente sobre el mar. Allí la nube empezó a crecer y crecer, hasta llenar sus depósitos.

—¡Ahora sí que podré regar todo el valle! —exclamó la nube muy contenta.

Comprendo la lectura

1 Elige y señala la respuesta correcta.

Una mañana de primavera nació:

una estrella ☐ una flor ☐ una pequeña nube ☐

La hierba estaba amarilla porque:

llovía mucho ☐ llovía poco ☐ nevaba ☐

Gracias a las gotas, las amapolas:

se secaron ☐ se durmieron ☐ levantaron sus cabezas ☐

2 Escribe todos los lugares donde la nube dejó caer su agua.

3 Escribe **V** si son verdaderas y **F** si son falsas las oraciones.

Una tarde de primavera nació una nube. ☐

El viento sopló a la nube. ☐

Cuando se quedó pequeña, la nube desapareció. ☐

La nube llenó sus depósitos con agua del mar. ☐

4 Subraya las palabras que pertenecen al grupo de las plantas y escríbelas.

amapolas rosas farolas nubes
viento tulipanes lirios
mares orquídeas geranios

5 Escribe dos palabras en cada grupo.

Estaciones del año:

Colores:

Inteligencia lógico-matemática: Interpretar datos numéricos

6 Señala las nubes que tengan menos de 8 gotas y más de 8 copos de nieve.

Aprendo la lengua

la flor

el árbol

la silla

el libro

Flor y **silla** son **nombres femeninos.**
Árbol y **libro** son **nombres masculinos.**

1. Colorea así:

nombres femeninos →   nombres masculinos →

ratón	tiburón	cartel	amapola
móvil	muñeca	osas	escalera
profesor	mandarinas	cocineros	mujer

2. Escribe **M** si es masculino y **F** si es femenino.

gato ☐	galletas ☐	piscina ☐	toalla ☐
flotador ☐	armario ☐	estuche ☐	cuchara ☐

3 Clasifica y escribe.

Masculinos	Femeninos
El	

4 Fíjate en el dibujo y escribe dos nombres masculinos y dos femeninos.

Masculinos	Femeninos

5 Escribe tres nombres masculinos y tres femeninos de:

juguetes:

animales:

Taller de escritura

1 Lee y contesta a las preguntas.

Gabriel y María son hermanos
y con sus primas han ido a jugar.

Gabriel se ha vestido de jardinero,
porque le gusta mucho regar,
su hermana mayor de maestra,
porque le apasiona enseñar.

A Candela le encantan los animales
y de veterinaria es su disfraz,
a Fátima, que le gusta la ropa,
se ha vestido de mamá.

Todos van a la cocina…
¡Empieza el desfile del disfraz!

¿Cómo se llaman los niños disfrazados?

¿Por qué se ha vestido Fátima de mamá?

¿En qué parte de la casa ha comenzado el desfile?

2 Une cada serie de palabras con el grupo que corresponda.

pelota, muñeca, cometa, peluche	días de la semana
lunes, miercóles, sábado, viernes	deportes
tenis, patinaje, baloncesto, fútbol	juguetes

3 Escribe los nombres donde corresponda.

hermana cocina maestra animal vestido disfraz

Masculinos: ______________________

Femeninos: ______________________

4 **Dictado.** Escribe fijándote bien.

____

____

____

____

Escribo bien

gato

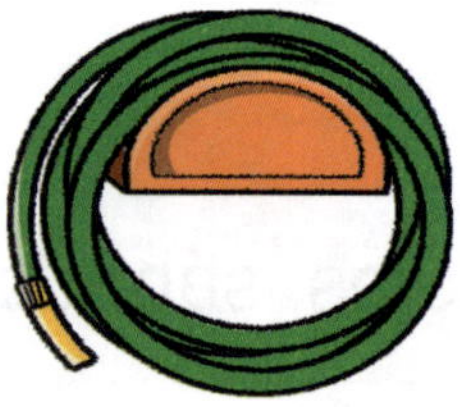

manguera

1 Completa las palabras con **g** o **gu** y escríbelas.

___isantes   ho___era   fue___o

Mi___el   ___usano   can___uro

2 Escribe las palabras subrayadas donde corresponda.

En la calle hay dos <u>gatos</u>. Cada uno de ellos tiene un <u>juguete</u>.
<u>Guido</u> y <u>Gonzalo</u> les llevan un <u>guiso</u> y <u>agua</u> cada día.

ga, go, gu   **gue, gui**

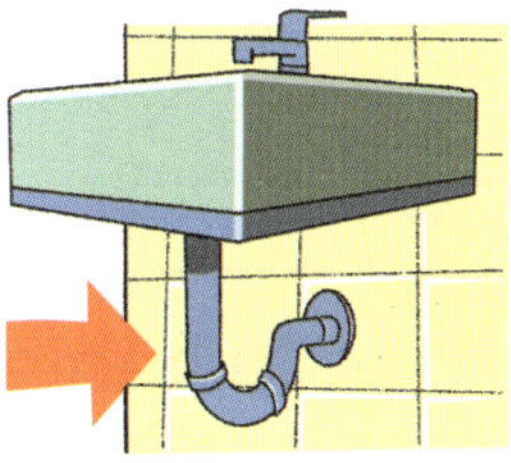

desagüe

piragüista

1. Escribe los nombres de los dibujos.

2. Sustituye el dibujo por una palabra y escribe la oración.

La  puso tres huevos.

3. **Dictado.** Escribe fijándote bien.

Me expreso

1 Lee.

El otro día, Clara llevó al colegio un libro nuevo que le había regalado su abuela.

Todos sus compañeros se sentaron a su alrededor y escucharon la historia que les leyó.

2 Ordena las oraciones y los dibujos.

☐ Han merendado hamburguesas y refrescos.

☐ Hoy cumple años el pollito Andrés y llama a sus amigos para invitarlos.

☐ Al ir a pagar, el pollito Andrés se ha dado cuenta de que se le ha olvidado el dinero en casa.

☐

☐

☐

3 ¿Qué le pasa al cocodrilo? Observa y completa la historia.

Al cocodrilo le duele mucho una ____________

Ha ido a ver al ____________, que es ____________

El mono le pone anestesia y le ____________ la

____

4 Inventa una historia con estos dos personajes y escríbela:

____

____

____

Repaso de la unidad

1 Rodea las palabras que pertenecen al grupo de las profesiones y escribe una oración con cada una.

médico regla mecánico leñador
viento hormiga margarita albañil

2 Fíjate y completa la tabla.

MACULINO	FEMENINO
El niño	La niña
	La leona
El gato	
	La muñeca

3 Resuelve el crucigrama y escribe las palabras.

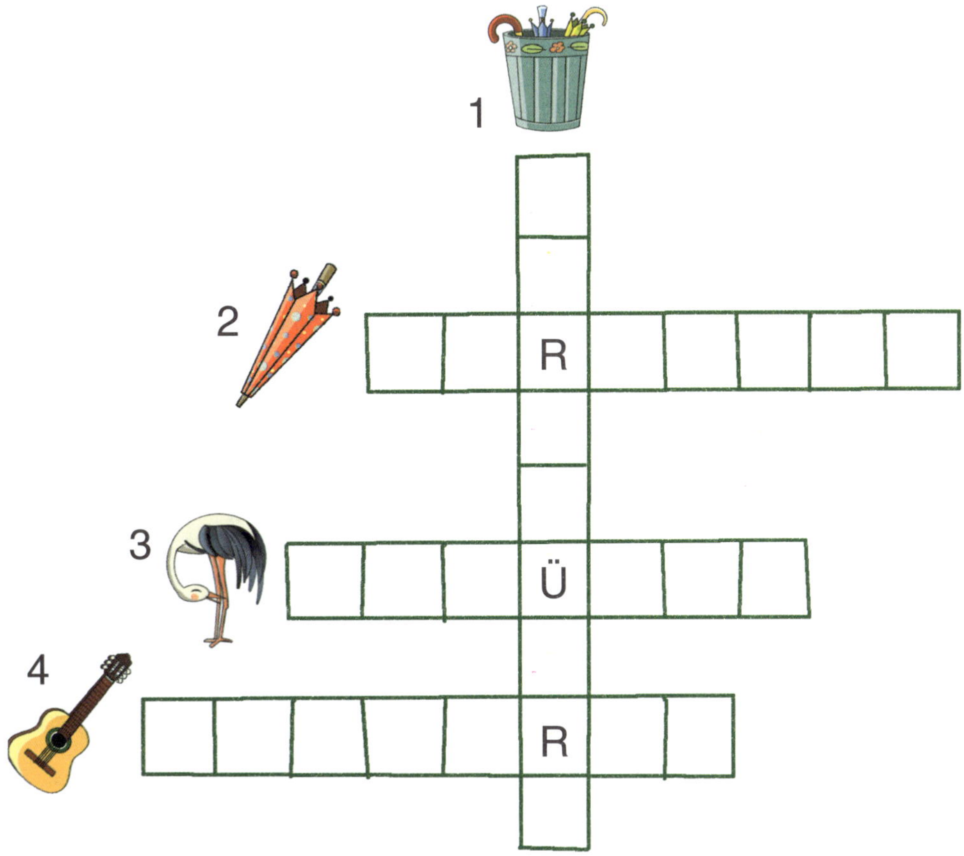

1 ______________________ 3 ______________________

2 ______________________ 4 ______________________

4 **Dictado.** Escribe fijándote bien.

____

____

____

El sol quería bañarse

13

El sol quería bañarse

El sol quería bañarse
porque tenía calor.
Llevaba el calor por dentro;
la luna se lo advirtió,
pero el sol no le hizo caso,
ni siquiera la escuchó,
porque el calor que tenía
le quitaba la razón,
y hacia el caer de la tarde
se tiró al mar y se ahogó.

Al ver que se ahogaba el pobre,
el cielo se oscureció,
las estrellitas lloraban,
lágrimas de compasión,
negro todo el mar se puso
de tristeza que le dio,
solo la luna en el cielo
muy serena se quedó.

—No os asustéis —les decía—,
que no hemos perdido al sol.
Mañana de mañanita
saldrá por otro rincón,
más fresco que una lechuga
con el baño que se dio.

A la mañana siguiente
sonriente salió el sol;
el cielo se puso alegre,
el mar de gozo bailó,
las estrellas se reían
del susto que el sol les dio;
y la luna satisfecha
en su cuarto se durmió.

Salvador de Madariaga

Comprendo la lectura

1. Escribe los nombres de los personajes de la poesía.

2. Escribe las oraciones sustituyendo las palabras subrayadas por otras de significado contrario.

Las estrellitas lloraban.

El sol salió contento.

3. Elige y escribe.

¿Por qué quería bañarse el sol?

Porque quería ponerse flotadores.

Porque tenía calor.

¿Dónde se durmió la luna?

Se durmió en su cuarto.

Se durmió en una nube.

4 Escribe las palabras donde corresponda.

marea - solana - estrellar - soleado - marinero - estrellado

sol	mar	estrella

5 Colorea del mismo color las palabras de la misma familia.

luna	bañador	bailar
baño	baile	lunar
bailarina	bañera	lunático

Inteligencia intrapersonal: Expresamos sentimientos

6 ¿Cómo se encuentra el sol en cada dibujo? Escribe.

Muestra a tus compañeros tu cara triste, contenta, asombrada...

Aprendo la lengua

lagarto → lagartos   cocodrilo → cocodrilos

Lagarto y cocodrilo están **en singular,** porque solo hay uno.
Lagartos y cocodrilos están **en plural,** porque hay varios.

1 Colorea los nombres que están en singular y escríbelos.

salamanquesa | ranas | serpientes | iguana

boas | caimán | sapo | tortuga

2 Escribe si cada nombre está en singular o en plural.

mosquito: ______   lagartijas: ______

cobras: ______   tritón: ______

3 Escribe los nombres donde corresponda.

zumo	carpeta	flores
manos	patos	balón

Singular: ______________________

Plural: ______________________

4 Completa la tabla.

SINGULAR	PLURAL	SINGULAR	PLURAL
tijera	______	lazo	______
______	peras	gorro	______
______	loros	______	zapatos
pan	______	______	anillos

5 Une y escribe.

Los	selva →	femenino, singular
La	reptiles →	______
El	plantas →	______
Las	bosque →	______

Taller de escritura

1 Lee y contesta.

Sol.—¿Qué te pasa, Nubecilla?

Nubecilla.—Estoy triste. No sé dónde está mi familia. No encuentro a mi papá ni a mi mamá. ¡Y no escucho las risas de mis hermanas!

Sol.—¿Quieres que te ayude a buscarlos?

Nubecilla.—¡Sí, por favor!

Sol.—Toma, ponte estas gafas de sol y verás cómo ves mucho mejor.

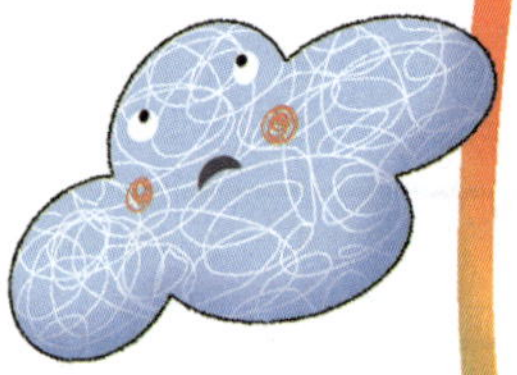

Nubecilla.—¡Es verdad! ¡Mira, Sol! ¡Mira allí a lo lejos, detrás del Arco Iris!

Sol.—¡Es tu familia, Nubecilla! ¡Vayamos con ellos!

¿Quiénes hablan?

¿Qué le da el Sol a Nubecilla para ver mejor?

2 Escribe qué crees que dice Nubecilla al encontrar a su familia.

3 Completa las oraciones con palabras de la misma familia que las subrayadas.

Sol se corta el pelo en la ______

Nubecilla compra pan en la ______

Nubecilla y Sol ven al ______ con el pescado en la ______

4 Lee y escribe el singular y el plural de las palabras subrayadas.

Una tortuga
en su caparazón,
contenta andaba
detrás de un camión.
Unas señoras
que de lejos la vieron,
cogieron sus bolsas
y al río la devolvieron.

Singular	Plural

5 **Dictado.** Escribe fijándote bien.

Escribo bien

Carmen compra cuentos.

Quique quiere ir al parque.

1. Completa las oraciones con **ca, co, cu, que** o **qui.**

Mi ____ela duerme en la ____na.

____rolina y ____nchi ____eren ir al teatro.

Nosotros ____remos ____so para merendar.

Papá ha invitado a ____torce o ____nce amigos.

2. Completa las oraciones con estas palabras:

película - Paco - esquiar - moscas

Todos los días, ________ canta.

Las ________ no me dejan ver la ________

Me gusta ________ en invierno.

3 Resuelve el crucigrama y escribe las palabras donde corresponda.

ca - co - cu

que - qui

4 Señala la oración que corresponda al dibujo y escríbela.

- [ ] Enrique come pan con mantequilla.
- [ ] Enrique come pan con quesitos.
- [ ] Enrique come pan con chocolate.

5 **Dictado.** Escribe fijándote bien.

Me expreso

1 Lee.

Anacleto es un cocodrilo que vive en un gran río, rodeado de muchos otros animales. Todas las mañanas, nada más levantarse, se da un largo baño para despertarse.

Hoy, cuando ha ido a su baño diario, se ha encontrado con una desagradable sorpresa: ¡Alguien se está bañando en su zona preferida! ¡Alguien está usando su tronco para apoyar la cabeza!

Anacleto, enfadado, decide ir para llamarle la atención y… ¡sorpresa! ¡Es una linda tortuga! Anacleto se acerca y decide ofrecerle piedras que él utiliza como esponjas de baño. ¡Anacleto se ha enamorado!

2 Ordena los tres dibujos de la historia.

☐ ☐ ☐

3 Ordena las oraciones y escribe la historia.

- [ ] Allí están todos sus amigos: Irene, Patricia y Álex.
- [ ] Cuando llega la hora, cada uno se va a su casa.
- [ ] Todas las tardes, Paco va con sus hermanos al parque.

4 Narra lo que haces un día desde que te levantas hasta que te acuestas.

Repaso de la unidad

1. Completa las oraciones con palabras de la familia de **pastel**.

Fui a la ______ a comprar pasteles.

El ______ hizo una tarta de nata.

Ese gorro es de la ______

2. Escribe una oración con estas palabras:

carnicero - carnicería - carne

______

______

3. Completa la tabla.

SINGULAR	PLURAL
La osa	
	Los pájaros
El tenedor	
	Las flores
El cubo	

4 Escribe los nombres en el lugar que corresponda.

ca →

co →

cu →

que →

qui →

5 Dictado. Escribe fijándote bien.

14 La rebelión de las máquinas

El protagonista de la película que vieron Paula y Alfonso era un robot muy travieso. Tanto les gustó que decidieron construir uno parecido y, rápidamente, se pusieron manos a la obra.

—¿Qué usaremos para hacer el cuerpo? —preguntó Paula.

—El tambor de detergente que está vacío nos servirá —contestó su amigo Alfonso.

Forraron la caja con papel de aluminio y, rebuscando por todos los rincones, sacaron de aquí y de allá las piezas que necesitaban.

Los pies salieron de las ruedas de la aspiradora, y los ojos, de los mandos de la lavadora. El cable del teléfono adornaba la cabeza del robot y con una pieza de la maquinilla de afeitar hicieron la boca.

¿Tienen corazón los robots? Por si acaso, metieron dentro un reloj despertador, que sonaba tic, tac, tic, tac...

El muñeco había quedado muy bonito, pero las máquinas de la casa no servían para nada.

Cuando papá se fue a afeitar, su maquinilla no funcionó. La aspiradora se negó a trabajar y nadie fue capaz de programar la lavadora.

—Pero ¿qué ocurre aquí? ¡Parece la rebelión de las máquinas! —exclamó asombrado el abuelo.

—Las máquinas no funcionan porque les faltan algunas piezas. Las hemos cogido para hacer nuestro robot —dijeron Paula y su amigo Alfonso.

—Pues volved a colocar cada pieza en su sitio y, después, buscaremos lo que necesitéis en la caja de herramientas.

Comprendo la lectura

1 Señala las oraciones verdaderas.

- ☐ La caja la forraron con papel de aluminio.
- ☐ Para los pies pusieron rollos de papel.
- ☐ El cable del teléfono servía de cinturón.
- ☐ Para el corazón metieron dentro un reloj despertador.

2 ¿Qué pieza le falta a cada máquina? Escribe.

A la aspiradora → ______________________

A la lavadora → ______________________

Al teléfono → __________________

3 ¿Quién lo dice? Lee y une.

Pero ¿qué ocurre aquí?

¿Qué usaremos para hacer el cuerpo?

El tambor de detergente que está vacío nos servirá.

4 Escribe donde corresponda.

papelería - cajera - ojera - cajón - papelero - anteojos

caja → ______________________

papel → ______________________

ojo → ______________________

5 Une según corresponda.

reloj	juguetero, juguetería
juguete	relojería, relojero
teléfono	telefonista, telefonillo

Inteligencia naturalista: Reciclar materiales

6 Dibuja qué te gustaría inventar con una caja de cartón y escribe qué objetos utilizarías.

____

____

____

____

Aprendo la lengua

Papá cocina.

El perro ladra.

La planta crece.

El balón bota.

1 Colorea los recuadros que tengan escritas palabras que sean acciones.

amarillo	bailar	colocar	alto	en
pintar	corona	cepillo	peinar	bueno
tren	avión	nadar	barco	saltar

2 Subraya y escribe las palabras que nos dicen lo que hizo cada uno.

La princesa Elena
peinó su melena
y perdió el peine azul.

El rey Francisco
compró un caballo
que montó el domingo.

3 ¿Qué hace cada uno? Escríbelo.

4 Observa y completa con palabras que indiquen qué hacen.

Lorena ______ las plantas.

Manuel ______ su coche rojo.

El pájaro ______ muy alto.

5 Completa con palabras que dicen lo que haces.

Ayer en casa ______ y ______

Hoy en el patio ______ y ______

Esta tarde ______ y ______

Taller de escritura

1 Lee y contesta a las preguntas.

Para: lourdes@villanueva.com

Asunto: fiesta de disfraces

Hola, Lourdes:

¿Qué tal estás? Ya queda menos para el verano. Iremos, como otros años, a la casa que los abuelos tienen en la playa. ¡Estaremos todo el día bañándonos en el mar!

Te mando este correo para invitarte a una fiesta de disfraces que vamos a hacer en casa. Díselo también a tus hermanos. ¡Me hace mucha ilusión que vengáis!

Es dentro de quince días, así que tu mamá, la tía Rosa, tiene tiempo de haceros bonitos disfraces.

Por favor, contéstame pronto.

Un besazo,

Marta

¿Quién manda a quién el correo?

¿Qué parentesco les une?

¿Qué es Rosa de Lourdes?

¿Y de Marta?

2 Completa las oraciones con estas palabras:

costurera - cartas - marinero

En el mar vemos al ______

La ______ cose los disfraces.

El cartero reparte las ______

3 Escribe una oración con cada palabra.

saltar - beber - nadar - contar

4 **Dictado.** Escribe fijándote bien.

Escribo bien

rana

perro

loro

1 Completa con **r** o **rr** según corresponda.

pá___afo manda___ina ca___etilla ___osal

___amón ca___il ma___iposa Cla___a

ta___o ___oca ___emo co___ea

2 Lee y escribe las palabras con **r** donde corresponda.

Roberto y Raquel tienen un perro marrón. Se llama Tobi y le encantan las galletas de naranja y pera.

r-	-rr-	-r-

3 Escribe los nombres y colorea así:

erre suave → erre fuerte →

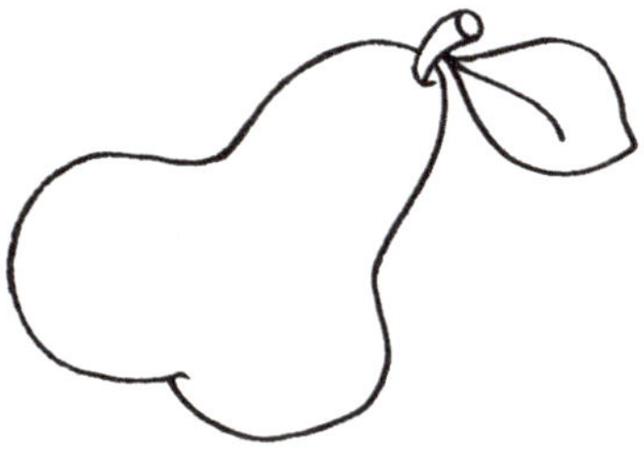

4 Completa con **r** o **rr**.

El bu___o co___ía delante del ca___o.
Cuando se pa___ó, vio cómo la ma___iquita
y el pája___o jugaban en la ca___ete___a.

5 **Dictado.** Escribe fijándote bien.

Me expreso

1 Lee cómo construir un cohete con material reciclado.

Primero, tenemos que buscar los materiales: una botella de plástico vacía, tres pinzas, dos vasos pequeños también de plástico, pegamento, rotuladores y pegatinas.

Después, empezamos a montarlo: en la parte superior de la botella pegamos un vaso y el otro en la parte inferior; ponemos las tres pinzas de pie en la parte de abajo.

Por último, decoramos los vasos y la botella como más nos guste, ponemos pegatinas y lo coloreamos con rotuladores.

2 Señala las oraciones verdaderas.

- [ ] Para hacer el cohete, se necesita una botella de plástico.
- [ ] Los tapones debemos pegarlos en los vasos.
- [ ] Los vasos podemos decorarlos libremente.

3 Ordena los dibujos.

☐ ☐ ☐

4 Fíjate y completa los pasos necesarios para hacer un palo de lluvia.

Primero, ________________ el tubo.

Luego, cerramos un extremo del tubo pegando un trozo de ________________

Después, metemos ________________

Y por último, cerramos el otro extremo del tubo pegando otro ________________

Repaso de la unidad

1 Escribe las palabras donde corresponda.

panadería - saleroso - frutero - carnicero - panadera
salar - carnicería - frutería- salero

carne →

pan →

sal →

fruta →

2 Rodea las palabras que dicen lo que hace cada uno y escríbelas.

Mi papá compró tres zumos de naranja. →

El otro día, Susana encendió todas las luces. →

La profesora escribió mi nombre en la pizarra. →

Adela viajará en vacaciones en avión. →

3 Completa las oraciones.

Milagros

Milagros y Nuria

Ander

Ander y Tristán

4 Forma palabras nuevas cambiando **rr** po **r.**

carreta: 　 carro: 　 perro:

parra: 　 perra: 　 corro:

5 **Dictado.** Escribe fijándote bien.

15 Los príncipes del año

Sucedió, hace ya muchos siglos, que un rey poderoso pensó en nombrar tres príncipes que viajasen continuamente por su reino. El rey los llamó: Verano, Otoño, Invierno.

Envió el rey a su pueblo al príncipe Verano, pero a los pocos días de su llegada, los manantiales se secaron y la sed y el calor amenazaron con devorar la vida de todos los habitantes del reino.

Mandó entonces el rey al príncipe Otoño, que llegó acompañado con muchos frutos de regalo. Pero a los pocos días, los árboles perdieron sus hojas, el cielo se cubrió de nubes grises cargadas de agua y el viento azotó campos y poblados.

Llegó después el príncipe Invierno, frío, majestuoso, haciéndose acompañar por centenares de vasallos que sostenían su pesada capa de armiño. El frío corazón del príncipe helaba todo su alrededor. Viendo el rey la tristeza de su pueblo, tuvo compasión de él y decidió buscar una solución.

En regiones doradas y de ensueño, vivía una princesa llamada Primavera. El monarca la mandó venir, y apenas entró la princesa en los dominios del rey, la tierra se cubrió de flores, los pájaros cantaron alegres construyendo sus nidos y los árboles vistieron de verde sus ramas. Un sol suave y limpio lució en el firmamento, y, por las noches, las estrellas brillaron con extraordinario fulgor.

El rey dejó entonces el país en manos de los cuatro príncipes, y estos viajaron por el reino siempre en este orden: Primavera-Verano-Otoño-Invierno.

M.ª Jesús Ortega

Comprendo la lectura

1 Tacha las oraciones falsas.

Con la princesa Primavera, la tierra se cubrió de nieve.

Con el príncipe Otoño, los árboles perdieron sus hojas.

Con el príncipe Invierno, el reino se llenó de luz y calor.

Con el príncipe Verano, los manantiales se secaron.

2 ¿Qué le corresponde a cada uno? Escribe.

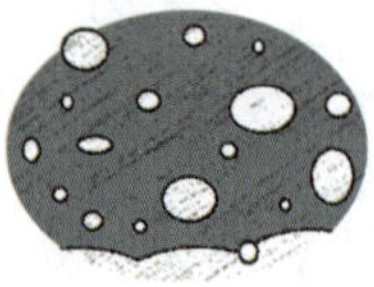

Primavera: ______ Otoño: ______

Verano: ______ Invierno: ______

3 Lee y aprende el abecedario.

a a	**b** be	**c** ce	**d** de	**e** e	**f** efe
g ge	**h** hache	**i** i	**j** jota	**k** ka	**l** ele
m eme	**n** ene	**ñ** eñe	**o** o	**p** pe	**q** cu
r erre	**s** ese	**t** te	**u** u	**v** uve	**w** uve doble
x equis	**y** ye	**z** zeta			

4 Completa.

Todas las letras ordenadas forman el abecedario.

Las letras a, e, i, o, u se llaman ____________

Las demás letras se llaman ____________

5 Escribe las letras anteriores y posteriores.

	d			s			i				y			o	

6 Fíjate en la primera letra de cada palabra y ordénalas en orden alfabético.

☐ campo ☐ tarta ☐ elefante ☐ patines

☐ rana ☐ hueso ☐ balón ☐ sandía

Inteligencia visual-espacial: Desarrollar la atención

7 Completa los paisajes para que sean igual al modelo.

Aprendo la lengua

Ayer leí tu libro.

Hoy leo tu libro.

Mañana leeré tu libro.

1 ¿Cuándo sucede? Une y escribe las oraciones.

Ayer,	Román fue a la biblioteca.
Hoy,	Sara vendrá a casa.
Mañana,	Rubén monta en avión.

2 Completa con las palabras del recuadro.

nadaré - nado - nadé

Ayer ______ en la piscina.

Hoy ______ con Carlos.

Mañana ______ con mis primos.

3 Observa los dibujos y completa las oraciones.

1

2

3

1 Ayer, Rocki jugó con ____________________

2 Hoy ____________________

3 Mañana ____________________

4 Escribe algo sobre ti.

Ayer, yo ____________________

____

Hoy ____________________

____

Mañana ____________________

____

Taller de escritura

1 Lee con tus compañeros.

Patri, ¿quieres que pintemos con acuarelas?

¿Con acuarelas? ¡Me encantan las acuarelas, Pablo!

Están en nuestra habitación. ¿Qué te gustaría hacer?

Podemos dibujar una playa con sol, alguna nube, sombrillas, toallas, cubos y palas.

¡Cuántas cosas! ¡Nos va a quedar un dibujo precioso!

Luego, si quieres, se lo regalamos a papá y a mamá. Seguro que les gusta.

¡Seguro! ¡Vamos a hacerlo antes de que terminen de preparar la merienda!

2 Señala las respuestas correctas.

- ☐ Patricia y Pablo son hermanos.
- ☐ Los dos se encuentran en su habitación.
- ☐ El paisaje que van a dibujar es de una playa.
- ☐ Después de terminar el dibujo, desayunarán juntos.

3 Ordena las palabras en orden alfabético.

dibujo - acuarelas - cubo - toalla - sombrilla - pala - nube - rastrillo

4 Completa las oraciones con la palabra adecuada.

pintamos - fuimos - iremos - merendaremos

El verano pasado ______ a la playa.

Ahora ______ con acuarelas.

Luego, ______ un bocadillo.

Dentro de quince días ______ a una fiesta.

5 **Dictado.** Escribe fijándote bien.

Escribo bien

zapato

lazo

zumo

cereza

cisne

1. Completa con **za, zo, zu, ce, ci** y escribe las palabras.

___pillo

man___na

___ecos

mur___élago

___rilla

tro___

2. Escribe los nombres.

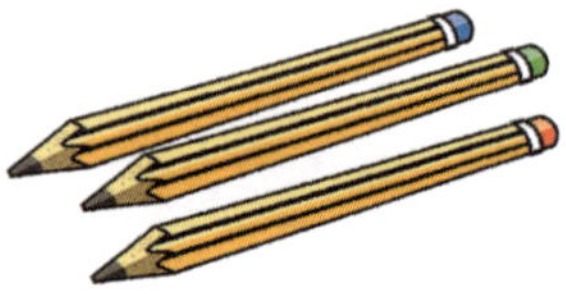

3 Escribe las soluciones de los jeroglíficos.

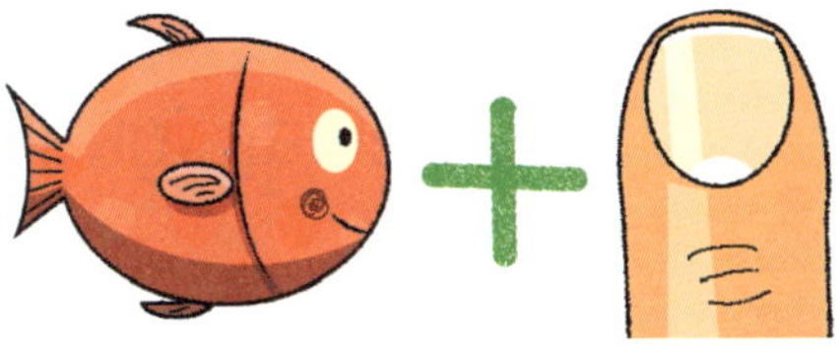

4 Fíjate y completa.

El ________ puede ser azul o rosa.

El ________ es de color negro.

5 Escribe la oración correctamente.

En	la	ta ces	hay	re zas. ce

6 **Dictado.** Escribe fijándote bien.

Me expreso

1 Lee el poema y rodea del mismo color las palabras que terminan igual.

Cajitas frutales

Para guardar
el bigote de un ratón,
la cáscara
de un piñón.
Para guardar
las burbujitas de un pez,
la cáscara
de una nuez.

Para guardar
todas las horas del día,
la cáscara
de sandía.
Para guardar
de todo un poco,
una cáscara de coco.

Antonio Rubio

2 Alarga el poema anterior con estas palabras y dibuja:

bellota - pelota

Para guardar
una ______,
la cáscara
de una ______

3 Completa el poema con palabras que acaben igual que las subrayadas.

Esta mañana he ido de <u>excursión</u>,
he jugado al fútbol con ese ______

Ahora me meteré en la <u>cama</u>,
pero antes me pondré este ______

4 Elige y completa con las palabras adecuadas.

mosca - ballena

Esta mañana vi una ______

tierra - arena

muy quietecita sobre la ______

alegre - asustado

Al principio me quedé un poco ______,

soñado - soñaba

luego abrí los ojos... ¡lo había ______!

Repaso de la unidad

1 Completa el abecedario y escribe las consonantes.

a	b	___	___	___	f	g	h	i
___	___	___	m	___	ñ	___	___	q
r	s	___	u	v	___	x	y	___

2 Ordena estos meses en orden alfabético:

mayo · enero · agosto · julio · noviembre

diciembre · febrero · octubre · septiembre

3 Une según corresponda.

Ayer	comeremos en tu casa.
Hoy	vi una película en el cine.
Mañana	hago los deberes.

4 Completa las oraciones y rodea las palabras que indican qué es lo que hacen.

Ayer cené

Hoy veo

Mañana iré

5 Completa las oraciones cambiando los dibujos por palabras.

El  ______ lleva guantes  ______

Toma leche en una  ______ grande.

6 **Dictado.** Escribe fijándote bien.

Tarea: Palabras encadenadas

1 Lee el texto.

Hoy en el colegio nos han enseñado juegos para que no nos aburramos cuando vayamos de viaje en el coche.

La profesora nos ha entregado esta ficha:

PALABRAS ENCADENADAS

Número de jugadores: dos o más.

El juego consiste en encadenar palabras. Cada palabra tiene que empezar igual que termina la palabra anterior.

¿Cómo se juega?

- Un jugador dice una palabra. Por ejemplo: CA**SA.**
- El siguiente tiene que decir otra que empiece como acaba la anterior. Por ejemplo: **SA**PO.
- Quedará eliminado el jugador que no sepa continuar.
- El juego continúa hasta que solo queda un jugador.

2 ¿Cuántas personas pueden jugar? Señala la respuesta correcta.

- ☐ Es un juego para un solo jugador.
- ☐ Solo pueden participar dos jugadores.
- ☐ Pueden participar dos o más jugadores.
- ☐ Tiene que jugar toda la clase.

3 Escribe **V** si es verdadero o **F** si es falso.

Hay que escribir palabras en tiras de papel y formar una cadena con ellas. ☐

Cada palabra tiene que empezar igual que termina la palabra anterior. ☐

Queda eliminado el jugador que dice más palabras. ☐

El juego continúa hasta que solo queda un jugador. ☐

4 Escribe tres palabras encadenadas a partir de estas:

tostada →	→	→	
mariposa →	→	→	
mago →	→	→	

5 Otro juego que nos han enseñado es «Veo, veo». Escribe tres cosas que empiecen por:

r	b	p

Repaso trimestral

1 ¿Dónde podemos comprar cada alimento? Completa.

El pescado se compra en la ______

El pan se compra en la ______

La fruta se compra en la ______

2 Escribe tres palabras que se formen a partir de **pelo.**

______ ______ ______

3 Escribe dos palabras de cada grupo.

Animales domésticos: ______

Objetos de aseo: ______

Días de la semana: ______

4 Completa el abecedario.

A _ _ _ E _ _ _ I _ _ _ _ _ _

O _ _ _ _ _ U _ _ _ _ Z

5 Subraya las palabras que indican cómo son los nombres.

Tengo un perro que tiene las orejas largas, el rabo corto, los ojos marrones y el hocico negro. Le gusta correr detrás de un pájaro amarillo.

6 Escribe **F** si el nombre es femenino o **M** si es masculino.

motos ☐ plátanos ☐ toalla ☐ regalo ☐

7 Escribe **S** si la palabra está en singular o **P** si la palabra está en plural.

motos ☐ plátanos ☐ toalla ☐ regalo ☐

bicicletas ☐ cuento ☐ tren ☐ primos ☐

8 Rodea las acciones que realizas en el patio.

correr bocadillo saltar dibujo cuerda jugar

9 Escribe una palabra con:

g: ______ **gü:** ______

ca: ______ **qu:** ______

ci: ______ **ce:** ______

r: ______ **rr:** ______

PALABRAS HUNDIDAS

Sigue los códigos y escribe la oración.

	1	2	3	4
A	está	La	de	Tristán
B	hucha	mi	vacía	sacó
C	porque	hermano	dinero.	el

A2 B1 A3 B2 C2 A4 A1 B3 C1 B4 C4 C3

JEROGLÍFICOS

Resuelve los siguientes jeroglíficos.

Nombres de niños.

Reptil que cambia de color.

¿Qué puedes llevar al parque?

APRENDER ES CRECER es un proyecto educativo de Anaya Educación para el primer curso de Educación Primaria.

En la realización de este libro han intervenido:

Coordinación editorial:
Ángela Valdés

Edición:
Nora Basanta

Diseño de cubierta e interiores:
Miguel Ángel Pacheco y Javier Serrano

Tratamiento infográfico del diseño:
Patricia Gómez

Ilustraciones:
Sonia Alins y Anna Clariana

Maquetación:
Raquel Horcajo

Corrección:
Encarnación Martín

Edición gráfica:
Mar Merino

Fotografías:
Archivo Anaya (Candel, C.; Canto, M.; Cosano, P.; Lezama, D.; Hernández, B.; Martín, J. A.; Martínez, C.; Mori, S.; Pozo, M.; Rico, J. J.; Rivera Jove, V.; Ruiz, J. B.), 123RF_Quickimage

Agradecimientos a María Losa.

Las normas ortográficas seguidas son las establecidas por la Real Academia Española en la *Ortografía de la lengua española,* publicada en el año 2010.

© Del texto: Cristina Díaz Santos, M.ª Trinidad Ferri Sebastián, Otilia Hidalgo del Cid, Martina Marsá Lafarge, Emma Pérez Madorrán, 2014.
© Del conjunto de esta edición: GRUPO ANAYA, S.A., 2019 - C/ Juan Ignacio Luca de Tena, 15 - 28027 Madrid
ISBN: 978-84-678-4527-3 - Depósito Legal: M-16863-2014 - Printed in Spain.

Reservados todos los derechos. El contenido de esta obra está protegido por la Ley, que establece penas de prisión y/o multas, además de las correspondientes indemnizaciones por daños y perjuicios, para quienes reprodujeren, plagiaren, distribuyeren o comunicaren públicamente, en todo o en parte, una obra literaria, artística o científica, o su transformación, interpretación o ejecución artística fijada en cualquier tipo de soporte o comunicada a través de cualquier medio, sin la preceptiva autorización.

ET019413/1E7I - 8360060